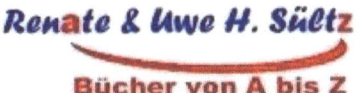

Renate & Uwe H. Sültz

Bücher von A bis Z

Renate Sültz

AF285113

Kochgeschichte Einst & Jetzt

Zusammenfassung der Essgewohnheiten mit Kochrezepten

BoD - Books on Demand
Norderstedt 2021

Bibliografische Information durch die Deutsche Nationalbibliothek
Die Deutsche Nationalbibliothek verzeichnet diese Publikation in der
Deutschen Nationalbibliografie; detaillierte bibliografische Daten
sind im Internet über http://dnb.dnb.de abrufbar.

© Renate & Uwe H. Sültz
Herstellung und Verlag
BoD – Books on Demand, Norderstedt
ISBN 9-78375-2-66100-2

pixabay AKTIVES MITGLIED
© BY SÜLTZ
AKTIVES MITGLIED
UND FÖRDERER
WIKIMEDIA

TYPICAL GERMAN FOOD

EXPLAINED STEP BY STEP

IN ENGLISH AND GERMAN WITH PICTURES

Renate & Uwe H. Sültz
Bücher von A bis Z

Sültz Books

Vorwort und Geschichte

(Inhaltsangabe siehe letzte Seite)

In diesem Buch möchte ich Ihnen die Essgewohnheiten der alten Römer, der Menschen im 14. Jahrhundert, sowie bis in die 1950'er und 1960'er Jahre, etwas näherbringen. Wie kochten und aßen unsere Vorfahren? Es ist ein interessantes Thema für Diejenigen, die sich für die Geschichte des Kochens interessieren.

Es wär doch schön, wenn wir den Menschen weltweit einmal in die Kochtöpfe schauen könnten, auch zu verschiedenen Zeitepochen. Tatsächlich sind fast alle Rezepte und Kochbücher verlorengegangen. Geblieben sind vereinzelte Zutatenlisten der Könige, der reich gedeckten Tische.

Ich habe mich gefreut, durch mein Stöbern in alten Zeitschriften und Büchern, immer wieder auf Leckerbissen zu stoßen. Viele Kochbücher habe ich geschrieben und immer wieder Parallelen zu den damaligen Gerichten gefunden.

Ich denke, dass die Küche auch früher schon ein großes Thema war. Lecker essen wollten die Menschen schon immer. Die Küche hat Geschichte gemacht und wird es auch in Zukunft tun.

So viel mir bekannt ist, wurden große Entscheidungen an reich gedeckten Tafeln

getroffen. Im Haushalt der Welt und in kleineren Haushalten, der einzelnen

Menschen. Ein duftender Braten oder ein leckeres Fischgericht, haben damals wie

heute, so manche dunkle Wolke am Ehehimmel verschwinden lassen. Jeder weiß,

dass Liebe durch den Magen geht.

Wir sollten das Wort „KOCHEN" nicht mit dem heutigen „KOCHEN" gleichsetzen.

Nicht immer gab es Töpfe, die dem Feuer standhalten konnten. In den Überlieferungen steht, dass man damals zähes Fleisch auf einen Pferdesattel gebunden hat um es mürbe zu bekommen. Anschließend wurde es an Spießen gebraten und Brot dazu gereicht. In der Kochschule lernte ich so einiges über das Essverhalten der Menschen aus verschiedenen Zeitepochen.

Im Orient wurden die Fest-Mahle richtig zelebriert. Es gibt einen Spruch aus dieser Zeit. Ein assyrischer König meinte einst, die Menschen sollten essen, trinken und lieben, denn der Rest sei keine Bohne wert.

Schon in der Bibel, werden die gut gefüllten Fleischtöpfe der Ägypter hochgelobt. Im Orient nahm man das Essen im Liegen zu sich, was auch auf vielen Gemälden zu sehen ist. Griechen und Römer sollen diese Angewohnheit übernommen haben. Zu Homers Zeiten, war schon die Blutwurst ein wichtiges Nahrungsmittel. Sie wurde aus dem Ziegenmagen hergestellt. Dann wurde er mit Blut und Fett gefüllt. Hier spielte das Blut eine wichtige Rolle. Die Menschen wussten schon damals, dass tierisches Blut auch für die Gesunderhaltung unseres Blutes nützlich war. Schweinefleisch wurde in Blut gekocht und mit Salz und Essig gewürzt.

Eine anspruchsvolle Küche gab es auch bei den Athenern nicht. Dafür aber beherrschten sie das Tafelgespräch vortrefflich. Sie veredelten damit jedes noch so karge Mahl.

Hülsenfrüchte waren auch auf den Speisezetteln vertreten. Spargel und Artischocken gehörten dazu. Sehr gerne nahm man Zwiebeln und Knoblauch. Am liebsten wurde fettes Schweinefleisch und Eselsfleisch gegessen. Für die Wurstzubereitung hat man mit Vorliebe Fasan und Pfauenfleisch verwendet. Am Anfang ihrer Geschichte lebten die Römer sehr einfach. Mehlbrei aus Dinkel wurde zu Gemüse und etwas Fleisch gereicht. Nun im Laufe der Zeit, spätestens nach den ersten Eroberungen, verbesserte sich auch der Lebensstandard. Die Ernährung spielte dabei eine besonders große Rolle. Legendär ist, dass die Römer ein ausschweifendes Leben geführt haben. Heute bezeichnet man dieses Verhalten als „LUKULLISCH". In der heutigen, oberen Gesellschaftsschicht wird es heute noch praktiziert. Nur jener Zeit wurde alles Mögliche und Unmögliche verkostet. Man schmiss alles in den Kochtopf. Die Menschen glaubten sich Gutes zu tun. Zum Beispiel die Zikade, der Siebenschläfer, der Strauß und der Eber, waren besondere Delikatessen. Der Mensch war vollkommen übersättigt. Es wurden sogar auf manchen Festen, aus den Gehirnen von gewissen Tieren, Speisen zubereitet. Mich

schüttelt es, wenn ich nur daran denke. Gänse wurden mit allerlei Lebensmittel

gemästet. Wobei ich sagen muss, dass es heute noch schlimmer gehandhabt wird.

Ein grausames Essverhalten warf man auch einem römischen Kaiser vor. Name ist

mir nicht bekannt. Er war so gierig, dass er alles, was essbar war, in sich hinein

stopfte. Anschließend nahm er ein Brechmittel, somit konnte er seiner Fresssucht

weiterhin frönen. Heute sagt man krankhafte Essstörung dazu.

Tatsächlich sind im Mittelalter sehr viele Kochbücher geschrieben worden, die leider nicht mehr existent sind. Schon im 14. Jahrhundert merkte man, dass durch die richtigen Gewürze ein Essen schmackhaft gemacht werden konnte. Bei der Gelegenheit muss ich einmal kurz erwähnen, dass meine Mutter nicht nur eine gute Köchin war, sondern auch eine weise Frau. Sie wusste genau, aus dem Instinkt heraus, welche Kräuter und Gewürze sie für die verschiedenen Menüs nehmen musste.

Auch in Klöstern wurde sehr üppig gekocht. Die Kräutergärten der Mönche, dufteten bis über die Klostermauern hinweg. Haben sie schon mal einen abgemagerten Mönch gesehen? Ich nicht.

Ebenfalls wurde das Essen auf Ritterburgen genossen. Sie ernährten sich von Wild und allerlei Geflügel. Kaum zu glauben, aber es wurden auch schon Pasteten serviert. Die Menschen machten jegliches Fleisch durch einsalzen haltbar. Um noch einmal zu den Mönchen zu kommen, sie hatten großes Interesse an der Kochkunst und wussten genau um die Methoden der Feinschmeckerei.

Im 16. Jahrhundert gab es einen Papst, der sogar ein Kochbuch schrieb. In den Klöstern der Frauen wurden vorwiegend Süßigkeiten hergestellt, wobei sie auch die

Engelwurz-Marmelade kochten. Auch wurden Pomeranzenbrötchen gebacken.

Was wir heute daraus gelernt haben ist, dass wir das, was wir essen besser

schätzen sollten. Essen sollte Genuss, Liebe und der vernünftige Umgang mit

den Lebensmitteln beinhalten. Außerdem müssen wir dankbar sein für die Vielfalt

der Nahrung, die uns von der Natur bereitgestellt wird.

Teil 1

Vernünftiges Essen ist wichtig!

Der zweite Weltkrieg hatte große Narben hinterlassen. Das Land musste wieder

aufgebaut werden und an Lebensmitteln gab es so gut wie nichts. Die Import und

Exportgeschäfte lagen brach. Die Menschen aber mussten sich doch irgendwie

ernähren. Wer noch Vorräte hatte, tauschte diese gegen andere Lebensmittel.

Zum Beispiel: Eier gegen Mehl oder Kartoffeln gegen Zucker und so weiter. Im

Laufe der Jahre wuchs der Bergbau heran und der Wiederaufbau bot vielen

Familienvätern einen gesicherten Arbeitsplatz. Vater und Sohn arbeiteten unter

Tage. Es wurde Kohle in großen Mengen gefördert.

Daraufhin baute man Bergarbeitersiedlungen. Die Familien konnten in diesen

Häusern günstig wohnen. Jede Familie hatte einen Garten am Haus, in dem noch

Hühner, Tauben, Kaninchen und auch zum Teil Schweine gehalten wurden. Damals

galten diese Bergarbeiter-Familien als Alleinversorger. Sie lebten von dem, was sie

anbauten und züchteten. Sie galten als arm, denn ein Bergbauarbeiter verdiente im

Gegensatz zu heute nicht viel. In der Zeit nach dem Krieg war es auf jeden Fall besser als arbeitslos zu sein. Ich würde sagen viel besser. Das Haus, welches nur

wenig Miete kostete, der Garten, den man nach Feierabend nutzte, die

Kleintierhaltung und der Obst- und Gemüseanbau waren schon ein Privileg. Wieder

andere Männer hatten recht schnell eine Arbeit als Bauarbeiter gefunden. Der

Wiederaufbau garantierte auf lange Sicht einen festen Arbeitsplatz.

Teil 2

Nun etwas über den Körper:

Über Vitamine, Aufbaustoffe und Hormone musste sich damals noch keiner

Gedanken machen. Meine Mutter sagte immer zu mir, ich solle alles essen damit

ich gesund bleibe. Sie hatte wohl Recht.

Gerade heute ist es wichtig, dass wir das Angebot an Obst, Gemüse und Fisch

nutzen. Wir haben es ganz alleine in der Hand, gesund zu bleiben. So manche

Krankheit käme durch überlegte Ernährung nicht an uns heran.

Unser Körper ist mit einem Ofen zu vergleichen. Das Brennmaterial wird in

Schlacke umgewandelt. Unverdauliches wird vom Körper ausgeschieden. Auch hierzu sagt man „SCHLACKE". Wissen sie eigentlich, dass der Mensch aus fast

90% Wasser besteht?

Bei der Gelegenheit, möchte ich darauf hinweisen, dass das Wasser für den

Abtransport von Giftstoffen verantwortlich ist und unsere Körperzellen füllt. Durch

das Wasser wird unsere Körperflüssigkeit geregelt. Um den Körper vor einer

Austrocknung zu schützen, sollte man bis zu zwei Liter Wasser oder ungesüßten

Tee trinken. Oft vergessen alte Leute genügend Wasser zu sich zu nehmen. Nicht

nur der Körper, sondern hauptsächlich das Gehirn trocknet aus. Die Folge davon

sind Verwirrtheit, Schwindel und Alzheimer-Erkrankungen.

Dabei spielt das Eiweiß eine wichtige Rolle!

Es ist ein wichtiger Bestandteil der Körperzellen. Eiweiß befindet sich in Milch und

Käse, Eiern, grünes Gemüse, Fleisch, Fisch und Kartoffeln. Heute gibt es

Eiweißpräparate oder Pulver als Nahrungsergänzungsmittel in den Apotheken zu

kaufen. Auch Vitaminpillen und vieles mehr. Ich bin dafür, dass wir uns von dem

ernähren, was die Natur uns anbietet. Im Gegensatz zu den Pillen ist hier eine

Überdosierung kaum möglich. Hochwertiges Eiweiß liefern uns Quark und Milch.

Das Fett

Unser Wärme- und Energiespender ist das Fett. Das wertvollste tierische Fett ist die

Butter. Auch pflanzliches Fett aus der Sojabohne, Raps, Nüsse und Mandeln.

Kohlehydrate

Auch hier kann man sagen, dass sie als Wärmespender wunderbare Dienste

leisten. Die täglichen Bewegungen eines Menschen, verschlingen große Mengen an

Kraft. Dies kann man ausgleichen mit Kohlehydraten.

Mineralstoff

Mineralstoffe haben verschiedene Funktionen, die am Aufbau von Blut und

Knochen beteiligt sind. Mineralstoffe sorgen für ein gesundes Knochengerüst und

sind wichtig für die Zähne.

Teil 3

Die Vitamine

Die Bezeichnung „VITAMIN", abgeleitet von VITA=LEBEN, stellt die Wichtigkeit, die

man Vitaminen beimisst, dar. Sie sind keine reinen Nährstoffe, aber auch keine

Energiespender. Um für die Gesundheit eine ausreichende Vitaminzufuhr zu

erreichen, sollten wir uns richtig ernähren. Ich halte von künstlicher Vitaminzufuhr

nichts, denn eine Überdosierung kann erheblichen Schaden anrichten.

Die Nahrung richtig kauen

Richtiges und langes Kauen, der Nahrung am Mittagstisch, ist wichtig für Magen

und Darm. Auch die Zähne profitieren davon. Zu heißes Essen und Getränke zu

sich zu nehmen empfinde ich als unüberlegt und dumm. Schwere Magenleiden sind

die Folge. Wieder weise ich darauf hin, dass wir alleine mit der richtigen Ernährung,

unser Leben und unsere Gesundheit positiv beeinflussen können.

Teil 4

Wie hat die Hausfrau in den 50er Jahren eingekauft?

Für die Hausfrau war damals der „EINKAUF", das Wichtigste. Es musste alles stimmen.

Jedenfalls brauchte sie einiges an Erfahrung. Der Einkauf sollte sinnvoll und vorrausschauend sein. Folgende Regeln waren für die Hausfrau von damals sehr wichtig:

Am Abend vor dem Einkauf wurde eine Liste erstellt über die Lebensmittel und Zutaten, die sie brauchte. Ein eventuelles Ersatzmenü plante sie sofort mit ein.

Die Frauen von damals machten sich zur Aufgabe, nur Lebensmittel zu kaufen, welche die Jahreszeit zur Verfügung stellte. Heute bekommt man zu jeder Zeit das Obst und Gemüse worauf man Hunger hat. Äpfel und Kohl aus China, Bananen aus Afrika, Trauben aus Ägypten usw.

Wenn die Hausfrau einkochen wollte, wartete sie noch etwas, bis das Obst zum Beispiel billiger wurde.

Ein Haushaltsbuch war damals unbedingt nötig. Nur noch wenige Hausfrauen von heute machen sich die Mühe, ihre Einnahmen und Ausgaben schriftlich festzuhalten.

Wie verhielt es sich damals mit der Vorratshaltung?

Die Hausfrau in den 50er und 60er Jahren legte ihre Vorräte überlegt an. Heute ist dies nicht immer selbstverständlich. Es konnten ruhig überraschend Leute zu Besuch kommen. Die schlaue Hausfrau hatte immer einiges im Haus. Sie war in der

Lage, solche Situationen meisterhaft zu bewältigen. Außerdem achtete sie darauf,

alle Lebensmittel sachgemäß zu lagern. Dazu war eine Speisekammer nötig.

Die ideale Speisekammer war nach Norden ausgerichtet und musste trocken sein,

luftig und kühl. Auf den Regalen herrschte unbedingte Sauberkeit. Nicht immer war

eine Speisekammer vorhanden. Die Hausfrau musste sich dann alternativ einen

Speiseschrank zulegen. Er war etwas vom Ofen entfernt und gut belüftet. Auf

keinen Fall durfte dieser Schrank in der Sonne stehen.

Teil 5

Gut überlegt kochen

Heute braucht Niemand mehr gut und überlegt zu kochen. Dem Verbraucher wird es verdammt einfach gemacht. Man bekommt alles tiefgefroren in den Supermärkten zu kaufen. Außerdem machen Fertiggerichte in allen möglichen Kombinationen das Kochen fast schon überflüssig.

Was die Hausfrau damals nach dem Einkaufen nicht in den Keller oder in den Vorratsschrank gebracht hat, wurde noch vor dem Kochen alles gut vorbereitet. Es war tatsächlich eine Kunst, zeitig damit anzufangen, damit pünktlich das Essen auf dem Tisch stehen konnte. Essen in der Mikrowelle wieder heiß machen, war damals noch kein Thema. Es musste stets gut geplant werden, damit das Essen nicht zu lange auf dem Herd stehen blieb.

Heute muss man nichts mehr warmhalten, dank der Mikrowelle.

Teil 6

Kleine Gewürzkunde

Damals wie heute gibt es Gewürze und Gewürzmischungen in großer Auswahl.

Jedes Mal, wenn wir eine Gewürzdose aus dem Küchenschrank nehmen, haben wir

ein Stück Weltgeschichte in der Hand. Zum Beispiel verdanken wir Alexander dem

Großen, dass wir mit Pfeffer würzen können. Er alleine war es, der auf seinen

Kriegsfahrten in Indien, diesem Gewürz auf die Spur kam.

Wenn wir die Muskatnuss verwenden, so müssen wir eigentlich an die

Entdeckerfahrten der Portugiesen denken im 16. Jahrhundert. Sie brachten die

Muskatnuss von den Molukken nach Hause. Außerdem brachten sie Dill, Thymian

und Kümmel mit. Im alten Babylon wurden diese Gewürze schon verwendet.

Die Vanille erinnert an die Eroberungszüge der Spanier in Mexiko. Dieses

lieblichste aller Gewürze wurde um 1510 entdeckt.

Karl der Große befahl seinerzeit seinem Volk, Küchenkräuter anzubauen.

Damit unser Geschmack angeregt wird, muss eine Speise gut riechen und

schmecken. Richtiges würzen ist eine Wissenschaft für sich. Friedrich der Große streute sich einst Pfeffer in den Kaffee und verkehrte die heilkräftige Wirkung der

Gewürze ins Gegenteil.

Ich achte immer sehr darauf, meine Gerichte nicht zu überwürzen.

Der Eigengeschmack der Speisen sollte unbedingt erhalten bleiben.

Einige Kräuter und Gewürze können der Gesundheit sogar schaden.

Darum immer vorsichtig dosieren.

Die französische Küche hat einen sehr guten Ruf, den verdankt sie der Tatsache,

dass die Franzosen aus dem WÜRZEN eine hohe Kunst gemacht haben.

Das einzige Würzmittel, das Salz stammt aus dem Mineralreich.

Basilikum

Ist für Suppen, Salate, Soßen und Fleischgerichte geeignet.

Jedoch sparsam verwenden.

Anis

Es ist getrocknet und auch als Öl erhältlich.

Anis wird für Backwaren und Liköre verwendet. Der Sternanis ist etwas feiner und

aromatischer.

Beifuß

Für Geflügel und Fleisch.

Bohnenkraut

Für Bohnengerichte aller Art.

Borretsch

Für Gurken und Salate.

Curry

Für Geflügel, Fisch, Fleisch, Soßen und Reis.

Dill

Für Salate, Gurken, Fisch und einiges mehr.

Estragon

Zum Einmachen von Gurken und Paprika. In Verbindung mit Essig entfaltet Estragon einen einmaligen Geschmack.

Gewürzkörner

Zum Einlegen von Fisch und Fleisch. Zum Beispiel Bratheringe, Grüne Heringe, Sauerbraten.

Ingwer

Für die Teezubereitung, Liköre und Kompotte.

Kapern

Für Königsberger-Klopse, in Soßen und Eierspeisen.

Kardamom

Gemahlen für Lebkuchen.

Kerbel

Für Suppen, Soßen und Salate.

Knoblauch

Für Soßen, Suppen, Salate und unzählige andere Speisen.

Kümmel

Im Sauerkraut, Kohlgerichte und Kartoffeln.

Teil 7

Wie bewahrte man, welche Lebensmittel auf?

Brot

Es sollte in einer gut verschließbaren, mit Butterbrotpapier ausgelegten, Büchse

aufbewahrt werden. Heute wird das Brot, egal wo wir es kaufen, mit

Konservierungsstoffen haltbar gemacht.

Butter

Sollte kühl und dunkel gelagert werden. Im Sommer in einem Tontopf.

Eier

Dunkel und kühl.

Fleisch

Am besten in der Speisekammer, an einem Harken hängend, aufbewahren.

In Buttermilch ist Fleisch 2 Tage haltbar. In Essigmarinade ca. 5 Tage.

Gebäck

In gut verschließbaren Blechdosen.

Frischgemüse

Möglichst nach dem Kauf verarbeiten, ansonsten dunkel lagern.

Gewürze

In fest verschlossenen Dosen lagern.

Grieß

Und andere Nährmittel am besten in Steingefäßen.

Hefe

Für ein-zwei Tage in ein feuchtes Läppchen wickeln.

Kaffee

In gut verschließbaren Glasgefäßen.

Kartoffeln

In einem trockenen und dunklen Kellerraum, in einer Kartoffelkiste.

Teil 8

Die Küche war und ist immer noch das Herz des Hauses

Ja, ich kann mich noch genau an diese familienfreundlichen Küchen erinnern.

An meine Kindheit denke ich gerne zurück. Fast schon wehmütig trauere ich dieser

Zeit nach. Wie schön es doch war, wenn meine Großeltern oder meine Tante und

mein Onkel zu Besuch kamen. Meine Mutter tischte alles auf, was der Kühlschrank

hergab. Ihren selbstgemachten Kartoffelsalat haben alle mit Genuss gegessen.

Sie fühlten sich einfach wohl, in diesem großen Raum, der stets mit Leben gefüllt

war. Diese Küche war Harmonie, Wärme und Liebe zugleich. Der Gusseiserne-

Kohleherd wurde von meiner Mutter von vorne befeuert. Holz und etwas Kohle

brachten in kurzer Zeit eine wohlige Wärme in den Raum. Zum Kochen war die

Hitze wunderbar. Das Essen schmeckte viel besser als heute, auch weil es mit

viel Liebe für mich und für meinen Vater zubereitet wurde.

Die Küchen von heute bieten kaum noch Platz für einen Tisch. Sie sind klein,

sodass nur noch etwas zubereitet werden kann. Doch wo nimmt die Familie von

heute gemeinsam das Essen ein? Ach ja, hätte ich fast vergessen. Es gibt doch ein

Esszimmer, wenn ich richtig liege. Ein gesonderter Raum, wo nichts berührt und schmutzig werden darf. Getrennt von Wärme und Geborgenheit. Ein Raum in dem

kaum noch Kommunikation stattfindet. Gezwungenermaßen wird das Essen dort

eingenommen. Schnell und rational. Genauso schnell, wie es zubereitet wurde.

Kein Kochen mit LIEBE, sondern aus Zeitmangel etwas in den Topf geworfen. So

sieht die Realität aus. Leider.

Teil 9

Küchengeräte und Hilfsmittel damals

Die Anzahl der Geräte richtete sich immer nach der Personenzahl in einer Familie.

Heute haben sogar kinderlose Ehepaare Luxusküchen mit feinster Ausstattung, die

nie benutzt werden. Hauptsache man kann damit angeben. So war es damals nicht.

Die Hausfrau musste mit allen notwendigen Küchengeräten und Hilfsmitteln

ausgestattet sein. Schließlich war es ihre Hauptaufgabe, die Familie mit gutem

Essen zu versorgen.

Die wichtigsten Dinge in der Küche, damals wie heute:

Töpfe und Pfannen, die hauptsächlich aus Chromargan gefertigt waren.

Sie waren nicht gerade billig aber lange haltbar.

Töpfe in verschiedenen Größen

Eine große und eine kleine Stielpfanne

Eine Gänsebratpfanne

Emaille-Schüsseln zur Kocharbeit und zum Spülen

Salat- und Soßensiebe

Trichter und Wasserbecher

Brotbüchse und Waage

Einkochkessel. Kurze Anmerkung:

Viele Menschen gehen tatsächlich heute wieder hin und kochen Obst und Gemüse ein. Ein sehr schöner Trend. Einkochen ist heute auch nicht mehr so aufwendig wie früher, jedoch genauso effektiv.

Weiter geht es mit den Holzgeräten, die vorwiegend aus Buchenholz oder Ahorn

gefertigt waren:

Teig- und Kochlöffel

Kartoffelstampfer und Quirle

Nudelholz und Teigrädchen

Schneidebrettchen und Backbrett

Tablett und verschiedene Kuchenformen

Ausstechformen, Puddingform

Kaffee- und Teesieb

Mehlsieb

Schneebesen und Schläger

Schöpflöffel und Sieblöffel

Messbecher und Kaffeelot

Kuchendrahtrost

Tortenspritze mit Tüllen

Reibeisen und Kartoffeldrücker

Büchsenöffner

Messer- und Schneidegeräte:

Zwei verschieden große Küchenmesser

Brot- und Tranchiermesser

Bratgabel- und Wender

Hackmesser oder Sichel

Messerschärfer

Spicknadel und Korkenzieher

Tomatenmesser und Eierschneider

Geflügelschere und Buntmesser

Glas, Porzellan und Steingut

Glasschüsseln und Auflaufformen

Glasreibe und Zitronenpresse

Feuerfestes Glas- oder Porzellangeschirr

Messbecher für Flüssigkeiten

Einkochgläser

Einfaches Porzellangeschirr

Steingut- Teigschüssel

Haushaltsmaschinen damals:

Fleischwolf

Semmelreibmaschine

Kartoffelreibmaschine

Teigrührschüssel

Mandel- und Mohnmühle

Brotschneidemaschine

Rohkostmaschine mit Einsätzen

Saftpresse

Waffeleisen für Gas oder Strom

Elektrischer Brotröster

Teil 10

Damals, wie heute, musste absolute Sauberkeit in den Küchen den Vorrang haben.

Hier ein paar Tipps:

Das Essen musste hygienisch hergestellt werden.

Um die Aufhäufung von schmutzigem Geschirr zu vermeiden, musste die Hausfrau

genau überlegen, was sie benötigte.

Die meisten Küchen hatten ein großes Doppelbecken in der Küche. Sie

erleichterten die Reinigung des Geschirrs. Es wurde mit Wasser, Apfel-oder

Rhabarberschalen und etwas Essig gereinigt. Vorher kochte man alles aus.

Zum Schluss rieb man das Metall mit Schlämmkreide blank.

Fensterleder

Wenn es zu hart geworden war, weichte die Hausfrau es in einer Flüssigkeit aus

Spülmittelwasser und etwas Salmiakgeist ein.

Kupfer

Mit Kleie, die man vorher mit heißem Wasser überbrühte, mit Zigarettenasche,

Zitronensaft und Salz mischen. Damit rieb man das Metall ab. Es wurde ebenfalls

mit Schlämmkreide poliert.

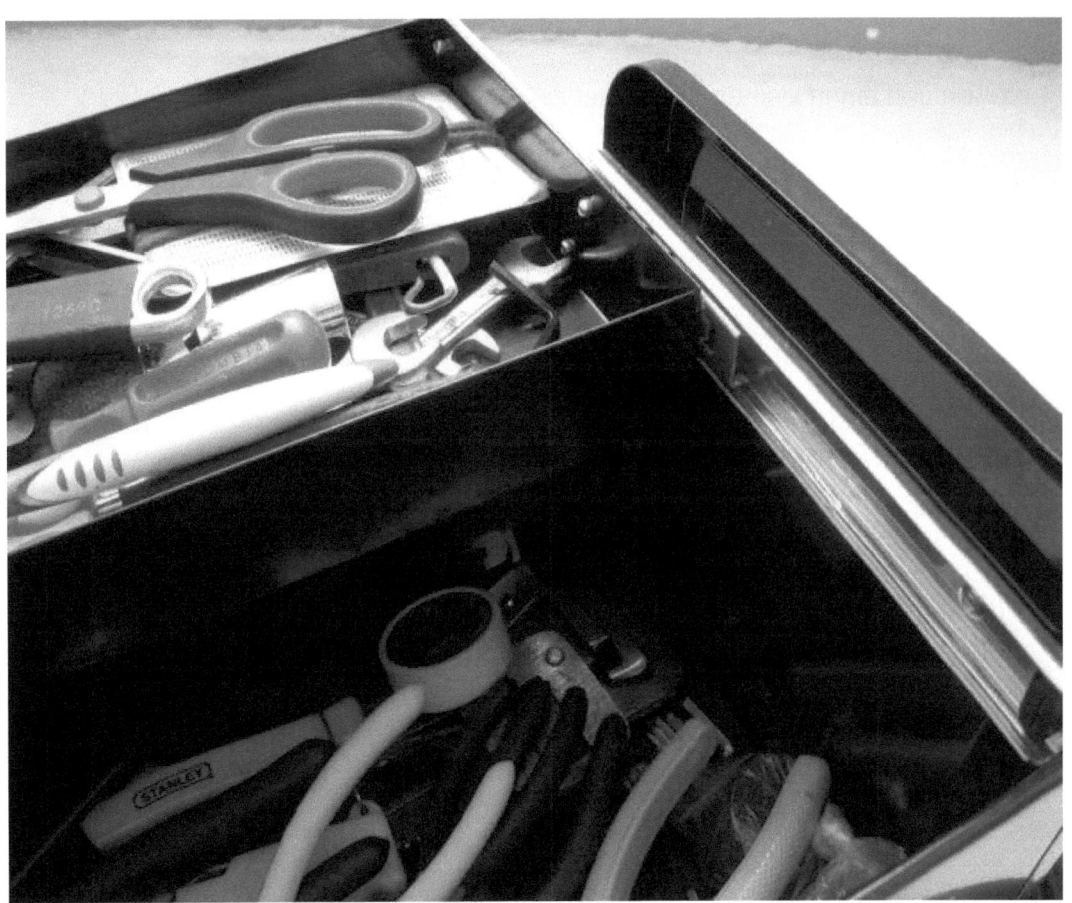

Der kleine Werkzeugkasten, der Hausfrau

Er musste folgende Dinge beinhalten:

X Häkchen

Schrauben und Reißzwecken

Zange, einen sogenannten Franzosen

1 großen und einen kleinen Schraubenzieher

Schraubenschlüssel

Bohrer und Feile

1 kleiner Fuchsschwanz

Ölkännchen

Isolierband

Elektrische Sicherungen.

Teil 11

Hier nun zwischendurch ein kleines Gericht, welches einfach und sättigend ist.

Meine Mutter kochte es gerne:

Specksoße mit Pellkartoffeln und saurem Hering.

Zutaten:

50 Gramm Speck aus dem Rücken

2 Zwiebeln

30 Gramm Mehl

2-3 eingelegte Matjesheringe

½ Liter Brühe oder Wasser

Salz, Pfeffer, Essig

Zubereitung:

Den in kleine Würfel geschnittenen Speck glasig anbraten und dann erst die

Zwiebel dazu geben. Auch die Zwiebel in Würfel schneiden.

Alles zusammen braun anbraten.

Das Mehl dazu geben und blitzschnell verrühren bis es schäumt. Nun ablöschen mit

der Brühe. Noch einmal kurz aufkochen und mit Essig abschmecken. Pfeffer und

Salz nicht vergessen.

Die Pfanne zur Seite stellen.

Nun die schon vorher gekochten Kartoffeln abschütten und pellen.

Das Matjesfilet mit Zwiebeln und Gurkenwürfel auf den Teller legen.

Die Pellkartoffel daneben und mit der Specksoße übergießen. Das ist ein einfaches aber leckeres Gericht und tut der Seele gut.

Teil 12

Fisch ist besonders wichtig für unsere Gesundheit.

Die Meere waren in den 50er und 60er Jahren noch überfüllt mit gesunden Fischen,

die man unter normalen Bedingungen heute noch vorfinden könnte.

Es gab noch keine Überfischung und die Gewässer waren recht sauber. An der

Westküste Grönlands, leichten zu diesem Zeitpunkt viele Millionen Kabeljauarten.

In den nordeuropäischen Meeren wurden im Jahr ungefähr 10 Milliarden Heringe

gefangen. Mein Wissen über die meeresbiologischen Vorgänge hatte ich mir durch

das Lesen unzähliger Fachbücher angeeignet.

Ich wusste genau die Zusammenhänge einzuordnen.

In den Meeren lebten unzählige, schmackhafte Fische. Das Nahrungsangebot war

groß und von hohem, gesundheitlichem Wert. Der Seefisch enthält eine Menge

lebenswichtiger Stoffe, darunter ist viel Eiweiß, Vitamin A + B, Jod, Phosphor,

Lezithin, Schwefel, Eisen, Kalzium und Omega 3 Fettsäuren.

Fisch ist leicht verdaulich und man sagt ihm nach, dass er für Kranke gut geeignet ist. So oft wie möglich sollten wir Fischgerichte zubereiten. Da gibt es viele Vorbereitungsarten. Dünsten, kochen, dämpfen, braten und frittieren.

Hier ein Fischgericht, welches meine Großmutter zum Jahreswechsel auf den Tisch stellte:

Pfannenfisch

Zutaten:

Fischreste vom Vortag, Kartoffeln, 2 Zwiebeln, 2 Eier. Salz, Pfeffer.

Die Fischreste von den Gräten befreien und zerpflücken. Kartoffeln kochen und klein schneiden. Zwiebeln würfeln. Alles in heißem Fett goldbraun anbraten und mit einem grünen Salat servieren.

Aal in Gelee

Zutaten:

½ Liter Wasser, ½ Liter Weißwein oder Essig, etwas Salz, 1 kleine Zwiebel, 1 Lorbeerblatt, Nelken, Senfkörner und ein paar Pimentkörner, 1 kleiner frischer Aal, 7 Blatt weiße Gelatine, ein paar Scheiben gekochte Mohrrübe, 2 Salzgurken, einige Zitronenscheiben. Grüne Petersilie.

Zubereitung:

Alle Zutaten gut durchkochen. Wenn sie Wein nehmen geben sie ihn erst dazu, nachdem sie die Flüssigkeit durchgesiebt haben. Den vorbereiteten Aal in Stücke schneiden und in die Flüssigkeit geben und langsam ziehen lassen. Dann die Aalstücke vorsichtig herausnehmen. In der heißen Brühe, die Gelatine auflösen. Nun einen Teil der Brühe in eine mit kaltem Wasser ausgespülte Form geben. Wenn die Flüssigkeit fest geworden ist, die Oberfläche mit dünn geschnittenen Möhren- und Gurkenscheiben belegen. Nun wieder eine dünne Schicht Brühe darüber gießen. Alles erstarren lassen. Zum Schluss die Aalstückchen darauflegen.

Jetzt die letzte Schicht Flüssigkeit darüber geben. Alles sehr kalt werden lassen.

Den Inhalt aus der Form stürzen. Garnieren mit Zitronenscheiben.

Teil 13

Eintopfgerichte

Sie haben damals, wie heute, nichts an Vorzügen eingebüßt. In der Vergangenheit

aber auch in der heutigen, turbulenten Zeit, sind Eintöpfe die bevorzugten.

Nicht allein um das Haushaltsgeld zu schonen, sondern auch um sich gesund zu

ernähren.

Eintöpfe sind ideal um Zeit und natürlich auch Strom zu sparen. Der Aspekt der

gesunden Ernährung kommt noch dazu. Außerdem regten und regen

Eintopfgerichte die Kreativität beim Kochen an. Was die Zutaten anbelangt, haben

wir freie Hand. Frisches Fleisch, Gemüsesorten aller Art, Speck, Reste vom Vortag,

lassen einen gesunden und sättigenden Eintopf entstehen.

Die Hausfrauen früher haben oft Eintöpfe mit etwas Wasser verdünnt, dann noch

nachgewürzt und somit noch einmal eine schmackhafte Suppe gezaubert.

Hier ein Suppenrezept, welches heute leider kaum noch Verwendung findet, von meiner Mutter übernommen:

Möhrensuppe

Zutaten:

2 Brötchen

30g Butter

½ Zwiebel

11/4 Liter Wasser oder Brühe

300g Mohrrüben

Salz, Zucker und etwas Sahne

Zubereitung:

Die Brötchen in Würfel schneiden.

In der Butter, mit der vorher geriebenen Zwiebel goldgelb rösten.

Dann mit Wasser oder Fleischbrühe aufgießen. In dieser Flüssigkeit die kleingeschnittenen Möhren weich kochen. Die Suppe mit Pfeffer und Salz würzen, etwas Zucker und Sahne dazugeben. Nach einer halben Stunde Ruhezeit, die Suppe servieren.

Lauchsuppe, so wie sie Oma kochte.

Zutaten:

2 Lauchstangen

30g Butter

35g Mehl

1 Liter Fleischbrühe

Salz, Muskat und etwas Sahne

Zubereitung:

Die Lauchscheiben waschen, in Scheiben schneiden und in der Butter anrösten. Mit

dem Mehl bestäuben und goldgelb werden lassen und mit der Brühe aufgießen.

Alles 35 Minuten kochen lassen. Zum Schluss alles durchsieben und mit Pfeffer,

Salz und Muskat würzen.

Teil 14

Suppen als Vorspeise oder Hauptgericht

Suppe, die für Vorspeisen genommen wird, sollte nicht sättigen, sondern den

Appetit auf das Hauptgericht verstärken. Außerdem sollte in diesem Fall auch die

Verdauung angeregt werden. Pro Person rechnet man ungefähr ein Viertel Liter

Suppe. Wenn die Suppe angesetzt wird, nimmt man für einen Liter Suppe ca.

1 1/4 Liter Flüssigkeit.

Das Nachgießen von Wasser nach Möglichkeit vermeiden. Die Zusammenstellung

von Suppe und Hauptgang, musste die Hausfrau damals genau vorbereiten. Eine

klare Suppe reicht schon, wenn ein üppiger Hauptgang folgt. Wobei umgekehrt

meistens zu einem leichten Hauptgang, vorher eine gehaltvolle Suppe gereicht wird.

Zum Beispiel zu einem kräftigen Braten, nimmt man vorher eine zarte, helle

Blumenkohlsuppe, eine Tomaten- oder Ochsenschwanzsuppe. Wenn eine klare

Suppe gekocht wird, sollten die Beilagen separat zubereitet werden.

Blumenkohlsuppe

Zutaten:

30g Butter

40g Mehl

11/4 Liter Wasser

1 mittelgroßer Blumenkohl

Salz, Muskat, Pfeffer

Etwas frisch gepresste Zitrone

1 Eigelb und etwas Sahne zum Abziehen

Zubereitung:

Aus der Butter und dem Mehl eine helle Einbrenne bereiten.

Nun mit Brühe oder Wasser ablöschen. Den Blumenkohl in kleine Röschen

zerteilen und in der Flüssigkeit gar kochen. Nehmen sie nun die Röschen heraus und drücken sie durch ein Sieb, in die Flüssigkeit hinein. Nun mit den angegebenen

Gewürzen und der Sahne abschmecken.

Machen sie doch mal eine Knochenbrühe für ihre Familie. An der Zubereitung, hat

sich bis heute nichts geändert:

Zutaten:

1 kg gemischte Knochen(Markknochen, Sandknochen und eine Beinscheibe.)

3 Liter Wasser

2 Stangen Lauch

½ Sellerieknolle

2 Möhren

2 Zwiebeln

1 Lorbeerblatt

2 Nelken

Zubereitung:

Das Grünzeug waschen und grob zerkleinern. Auf die Knochen geben und mit dem

Wasser auffüllen. Ein großer Topf ist von Vorteil. Alles 3 Stunden kochen lassen.

Nehmen sie die Knochen heraus und sieben sie die Brühe ab. Die Beinscheibe in

die heiße Flüssigkeit geben, wenn sie diese in Würfel geschnitten haben. Mit Salz

und etwas Maggi würzen. Eventuell mit ein paar Suppennudeln verfeinern.

Vorspeisen und Zwischengerichte

Darunter versteht man kleine, appetitanregende Speisen, die eventuell vor der Suppe oder an stelle dieser gereicht werden.

Aber auch als Zwischengang, zwischen Suppe und Fisch. Auf keinen Fall sollten diese kleinen Zwischengerichte sättigen. Es sollten kleine, qualitativ hochwertige Mengen präsentiert werden, denn das Auge isst bekanntlich mit. In erster Linie serviert man Vorspeisen und Zwischengerichte zu größeren Menüs, sie sind aber auch geeignet, einfachen Speisenfolgen eine feierliche Note zu geben.

Damals musste die Hausfrau stets ein bis zwei Vorspeisen mit einplanen. Von belegten Brötchen bis zur Hummermajonäse, vom einfachen, gefüllten Ei bis zur Gänseleberpastete, hatte sie alles bedacht. Oft meldete der Hausherr für das Abendessen noch Jemanden mit an. Für die Hausfrau von damals war das kein Problem. denn sie wurde mit jeder Ausnahmesituation fertig.

Nun eine einfache Vorspeise:

Schinkenröllchen mit Käsefüllung

Zutaten:

Pro Person 1 große Scheibe gekochten Schinken

Den Schinken rechteckig schneiden

Und mit einer Füllung aus zwei Teilen geriebenen Käse, einen Teil sahnig

geschlagene Butter, Salz, Zitrone bestreichen und einrollen. Nun die

Schinkenröllchen sternförmig auf einer runden Platte anordnen. Die

Zwischenräume mit Gürkchen, in Scheiben geschnittenen Tomaten und

hartgekochten, halben Eiern garnieren.

Man kann noch auf die Röllchen etwas Remoulade geben.

Gefüllte Eier

Einige Scheiben geräucherten Seelachs durch einen Fleischwolf drehen. Auch hier

kommt es immer auf die Personenzahl an. Die Zutaten können dann entsprechend angepasst werden. Die Eier hart kochen und halbieren. Die Eigelbe in eine kleine

Schüssel geben und mit der Lachspaste vermengen. Nun die Masse wieder in die

Eihälften geben und mit Petersilie belegen.

Teil 15

Sülzspeisen

Sülze oder Aspik nimmt man für die Herstellung kleiner, appetitlicher Vorspeisen aber auch für Zwischengerichte. Sülze wird nach zwei Methoden hergestellt. Einmal mit Gelatine. Die andere Möglichkeit ist, die Gelatine mit Kalbsfüßen oder Teilen vom Kalbskopf herzustellen.

Wie lege ich Sülzspeisen ein?

Formen, die extra für diese Speisen gedacht waren, musste die Hausfrau immer im Schrank haben.

Egal, was eingelegt werden soll, die Form vor dem Einfüllen der Flüssigkeit mit kaltem Wasser ausspülen. Von der halbsteifen Masse zunächst eine 1 cm dicke Schicht in die Form füllen. Das Gemüse, Fleisch oder den Fisch darauflegen. Nun wieder eine Schicht der halbfesten Sülze angießen. Bevor die letzte Schicht Sülzflüssigkeit darüber verteilt wird, müssen die zuvor angegossenen Schichten erstarrt sein.

Wenn die Form gestürzt wird muss darauf geachtet werden, dass das Unterste nach oben kommt. Hier ein Rezept:

Vegetarische Sülze

Die Sülzflüssigkeit mit Gemüsebrühe herstellen. Dazu wieder eine 1 cm dicke Schicht Sülzflüssigkeit angießen und die Gemüsestücke darin einlegen.

Nun ein weiteres Rezept, welches damals immer gerne serviert wurde:

Ragout für Königinpasteten

Zutaten:

1 kleine Zwiebel

1 kleine Karotte

Salz, Pfeffer

1 Kalbsmilch

1 Stück Kalbfleisch mit etwas Fettanteil

30 g Stärkemehl

1 Eigelb

Zitronensaft

2-3 Esslöffel Weißwein

100 g Champignons

Gekochte Spargelstückchen

Zubereitung:

Das Fleisch mit dem Gemüse, in ¾ Liter Wasser weich kochen. Nach der Garzeit

das Fleisch herausnehmen, in Streifen und in kleine Stücke schneiden. Die

mitgekochte Kalbsmilch ebenfalls in Stücke schneiden. In einem halben Liter heißer

Brühe, das mit etwas Wasser angerührte Stärkemehl verrühren. Alles kurz

aufkochen und mit einem Eigelb abziehen. Mit Salz, Pfeffer und dem Wein

abschmecken. Zum Schluss, das Fleisch dazugeben und in die zuvor angewärmten

Pasteten füllen. Mit etwas frischer Petersilie bestreuen und servieren.

Hier ein Gericht aus Bad Königsborn:

Schnibbel-Bohnen- Eintopf

Dieses Gericht war früher sehr beliebt. Die Schnibbel Bohnen oder Salzbohnen

wurden in großen Steintöpfen mit Salz eingestampft und dann über den Winter

aufgehoben. Bei uns nennt man sie „ Fizze Bohnen." Dazu aß man gekochten

Bauchspeck mit Senf.

Nun die Zutaten:

500 g grüne Bohnen, 500 g Kartoffeln, 40 g geräucherter Speck, 2

kleingeschnittene Zwiebeln, 20 g Fett zum Braten, 20 g Mehl, 1 viertel Liter

Wasser, Salz, Pfeffer, Bohnenkraut, Essig, Zucker

Zubereitung:

Die Bohnen wachen und in kleine Stücke schneiden. Früher hat man sie durch eine

Schnibbel Maschine gedreht. Die Bohnen in reichlich Salzwasser weich kochen

und auf einen Umschlag schütten. Kartoffeln schälen, in Würfel schneiden und in

Salzwasser garen. Den Speck würfeln. Aus Speck, Fett, Zwiebelwürfeln, Mehl und

Bohnenwasser eine helle Soße zubereiten. Die Bohnen und Kartoffelwürfel untermengen. Mit Essig und Zucker süß-sauer abschmecken, dann mit

Hackfleischbällchen oder Bratwurst servieren.

Heggengemös

Bevor das erste Gemüse aus dem Garten geholt wurde, sammelte man früher an

Wegrändern, Wallhecken und Sträuchern, das erste frische Grün. Daraus bereitete

man eine schmackhafte und vitaminreiche Suppe.

Zutaten:

1 kg junge Brennnesseln, Holunderblüten, Löwenzahn, Spitzen vom überwintertem

Grünkohl und von Spinat, Porree, Petersilie, 5 Zwiebeln, 500 g Kartoffeln, Salz,

Pfeffer, 2 l Wasser und4 geräucherte Mettenden.

Zubereitung:

Die Mettenden in 2 l Wasser etwa eine halbe Stunde lang vorkochen. In der

Zwischenzeit, die Kartoffeln und Zwiebeln schälen und würfeln. Dann das junge

Gemüse waschen und fein hacken und in die Brühe geben. In der Brühe alles

weichkochen und die Suppe vor dem servieren noch etwas ziehen lassen. Mit Salz

und Pfeffer abschmecken.

Teil 16

Kleine Fleischkunde:

Das Fleisch von jungen Tieren empfinde ich persönlich als sehr trocken. Die
Konsistenz ist fest und die Farbe frisch- rot. Fleisch von älteren Tieren erscheint
dagegen dunkelrot. Es sollte nicht gewässert werden, sondern nur kurz unter
fließenden, kalten Wasser abgespült werden. Mit einem Papiertuch abtupfen.
Rouladen, Schnitzel oder Steaks nur kurz mit einem Fleischklopfer bearbeiten.
Rohes Fleisch sollte nicht auf Holz, sondern auf eine Porzellan- oder Glasunterlage
gelegt werden. Das Fleisch generell erst nach dem braten würzen. Wenn eine gute
Fleischsoße das Ergebnis sein soll, gibt man noch zu dem Schmorfleisch Zwiebeln
und Tomatenmark dazu. Auch etwas Paprikapulver. Alles braun anrösten und mit
Brühe ablöschen. Das weiche Fleisch, sollte noch fünf bis zehn Minuten in der Soße
bleiben, damit es noch etwas durchziehen kann.

Das Fleisch vom Rind liefert uns viele wertvolle Vitamine und zählt zu den
gehaltvollsten Fleischsorten. Gutes Ochsenfleisch ist etwas teurer als das Fleisch
von der Kuh. Ich persönlich ziehe das Ochsenfleisch dem der Kuh vor, da es zarter
ist und beim Braten und kochen weniger einläuft. Zum Kochen eignet sich vom

Rind, die Brust, der Kamm, Rippe, Bauch, Schenkel. Die Suppe von diesen Fleischteilen wird besonders kräftig und schmackhaft. Zum Braten eignet sich der Bug besonders, da er recht mager ist. Zum Schmoren ist das Schwanzstück besonders gut geeignet.

Teil 17

Hier einige Menüvorschläge:

Rinderschmorbraten

Zutaten:

500-750 g Ochsenbrust

3 Zwiebeln

Salz Pfeffer, Gewürze nach Wahl

1 Bund Suppengrün

Etwas Mehl

30 g Speck

70 g Butter

Gemüsebrühe oder Wasser

Etwas Stärkemehl für die Soße

Zubereitung:

Die Zwiebeln und das Grünzeug sehr klein schneiden und in einem Schmortopf mit

etwas Schmalz kräftig anrösten. Dann das Fleisch hineingeben und von beiden

Seiten bräunen. Wenn das Gemüse und das Fleisch schön braun geröstet sind, mit

Brühe aufgießen. Das Fleisch muss bedeckt sein. Bei zugedecktem Topf ca. 11/2

Stunden garen. Ab und zu wenden. Das Fleisch nach Ende der Garzeit

herausnehmen. Nun die Soße nach Belieben würzen und mit etwas Speisestärke

andicken. Das Fleisch in Scheiben schneiden und in der Soße ziehen lassen.

Rindergulasch

Zutaten:

500 Gramm Rindfleisch in Würfel geschnitten.

4 Zwiebeln, Paprikagewürz, Pfeffer und Salz, Gemüsebrühe, Fett zum Braten,

Tomatenmark.

Zubereitung:

Das Fleisch mit den in Würfel geschnittenen Zwiebeln, dem Tomatenmark und Gewürzen, kräftig anbraten. Dann mit Gemüsebrühe ablöschen und das Fleisch mit der Flüssigkeit bedecken. Mit mittlerer Temperatur und Deckel eine gute Stunde köcheln lassen. Die Soße mit Speisestärke dicken.

Teil 18

Das Kalbfleisch

Es sollte hell und zart aussehen. Allerdings besitzt es weniger Nährstoffe als

Rindfleisch, ist jedoch   leichter verdaulich. Auch ist Kalbfleisch für die Krankenkost

gut geeignet. Das zarte, helle Fleisch besitzt viele Leimstoffe und ist aus diesem

Grund für die Herstellung von Sülze gut geeignet. Kalbfleisch ist zwar schnell weich,

schrumpft aber erheblich zusammen. Zum Braten wird vorzugsweise das

Rückenstück oder die Keule genommen. Hals und Brust liefern gutes Kochfleisch.

Die Brust wird oft gefüllt gebraten. Auch der Bug gibt noch bestes Gulaschfleisch

und Schmorfleisch ab.

Kalbfleisch im Ofen zubereitet.

Zutaten:

750 Gramm zartes Kalbfleisch, 50 Gramm Butter, 50 Gramm Räucherspeck, 1

Zwiebel, 1 Karotte, 1 kleines Glas Weißwein, 1 Tomate, Salz, Pfeffer, eine Tasse

Sahne

Zubereitung:

Das Fleisch von Sehnen befreien. Mit Speck umwickeln, dann mit der Zwiebel. Der Karotte. Der Tomate und den Gewürzen braun anbraten. Wein oder Wasser dazugeben. Zugedeckt, bei mittlerer Hitze weiter schmoren lassen. Das weiche Fleisch nach dem Garen herausnehmen und zur Seite stellen. Den Bratensaft mit etwas Sahne angießen und auf kleiner Flamme eine Minute köcheln lassen. Dazu reichte man Spätzle, Reis oder Kartoffeln.

Pikante Kalbshaxe

Zutaten:

Etwas Suppengrün

1 Haxe

Salz, Pfeffer

Mehl

30 Gramm Butter

1 Zwiebel

1 Ei,

Grüne Kräuter

Thymian und Basilikum

Wasser, Weißwein

Gehackte Petersilie

Zubereitung:

Das Gemüse sehr klein hacken. Die Kalbshaxe salzen und mit Mehl bestäuben. Je

nach Geschmack würzen. Dann das Fleisch zur Hälfte mit heißem Wasser

begießen. 11/2 Stunden köcheln lassen. Nach dem Garvorgang die Haxe

herausnehmen und die Soße durchsieben. Mit Weißwein und Petersilie

abschmecken und die Kalbshaxe damit übergießen. Dazu Reis oder Salzkartoffeln.

Teil 19

Das Schweinefleisch

Es hat den höchsten Fettanteil von allen Fleischsorten. Nur der Schinken und das

Filetstück sind magerer. Sie sind aber in einer dicken Fettschicht eingebettet.

Schweinefleisch ist daher auch schlechter verdaulich als anderes Fleisch.

Schweinefleisch sollte genauso wie Kalbfleisch, rosig und hell aussehen.

Im Gegensatz zu anderen Fleischsorten, kann es schon kurz nach dem Schlachten

verarbeitet und verwendet werden. Zum Braten eignen sich besonders Schinken

und Rücken. Schulter und Kamm ergeben das beste Wurstfleisch. Der

durchwachsene Bauch wird gerne zum Schmoren und Braten genommen.

Schweinepfeffer

Zutaten:

30 Gramm Fett, Mehl, Wasser oder Brühe, Salz, Pfeffer, 1 Zwiebel, 2 Nelken, 2

Lorbeerblätter, 2 Tomaten, 600 Gramm Schulter wie gewachsen, Wein und

Zitronensaft.

Zubereitung:

Aus Fett und Mehl eine helle Einbrenne bereiten. Mit Wasser oder Brühe

ablöschen, noch etwas Brühe angießen und mit den Gewürzen, der Zwiebel, den

zerkleinerten Tomaten, den Lorbeerblättern und Nelken 30 Minuten durchkochen.

Anschließend in der durchgesiebten Soße, das in Würfel geschnittene Fleisch gar

dünsten. Die Soße mit Wein und Zitronensaft abschmecken. Dazu Makkaroni

reichen.

Schweinefilet im Teigmantel

Zubereitung:

Ein saftiges Schweinefilet mit Salz und Pfeffer einreiben. In heißer Butter schnell

von allen Seiten anbräunen. Nach dem Abkühlen schnell in Blätterteig einrollen. Es

kann auch Mürbeteig sein. Im Backofen, bei 150 Grad ca. 30 Minuten bräunen.

Dazu schmeckt warmer Kartoffelsalat.

Kommen wir nun zu den geflügelten Genüssen.

Teil 20

Haus-und Wildgeflügel

Zum Hausgeflügel gehören vorwiegend Gans, Ente, Huhn, Taube. Selten wurden

damals Truthahn und Putenfleisch. Auch verwendet wurde Hähnchen, Rebhuhn,

Fasan, Wildente, Wachtel und Auerhahn.

Junges Hausgeflügel wird auf verschiedene Arten gebraten und gebacken. Taube

und Hühnerfleisch ist wegen seiner guten Verdaulichkeit in der Krankenküche sehr

beliebt. Hausgeflügel wird nach dem Schlachten sofort gerupft, wobei das

Wildgeflügel einige Zeit im Federkleid abhängen kann. Feinschmecker lieben den

Geruch des abgehangenen Geflügels, wenn es schon eine erste Fäulnisstufe

erreicht hat. Dies auch beim Fleisch. Danke sag ich da, denn der frische

Wildgeschmack sollte erhalten bleiben.

Wie erkennt man denn junges Geflügel?

Junge Gänse erkennt man daran, dass die Schwimmhäute dünn und leicht

einzureißen sind. Der Schnabel ist gelb und weich. Gansfleisch ist zwischen

Oktober und Januar am besten. Eine Mastgans wiegt etwa 7 kg und sollte nicht älter sein als 1 Jahr. Eine Gans mit diesem Gewicht reicht für 8-10 Personen.

Junge Hühner sind an der glatten und weichen Haut ihres Tritts zu erkennen.

Junge Enten sind am schmackhaftesten bis zu einem Jahr. Sie haben weiche, biegsame Brustknochen. Sie wiegen zwischen 2-3 kg.

Teil 21

Tranchieren des fertigen Geflügels

Tauben und Rebhühner werden der Länge nach mit der Geflügelschere

durchgeschnitten. Größeres Geflügel wird auf den Rücken gelegt und man

schneidet zuerst mit dem Messer, Keulen und Flügel am Gelenk ab. Mit einer

Geflügelschere werden dann Brust- und Rückenseite auseinander geschnitten.

Hier ein Tipp aus den 60 Jahren:

Gemästete Gänse sehr viel Fett und eine große Leber. Ihr Fleisch ist trockener als

bei der normalen Gans. Bei einer fetten Gans, kann man während des Bratens

einige Male vorsichtig in die Fettschicht einstechen. Das Fett kann dann in die

Pfanne ablaufen. Bitte nicht ins Fleisch stechen.

Und nun das Rezept:

Gänsebraten

Sie brauchen eine 6-7kg schwere Gans. Salz, Beifuß, ½ Liter Wasser, Stärkemehl für die Soße.

Füllen sie die Ganz nach Belieben mit Äpfeln, Kastanien und anderen leckeren Zutaten. Sie können aber auch ohne Schnickschnack, nur mit einem Beifuß-Sträußchen, das Geflügel füllen. Zubinden und mit der Brustseite nach unten, in einen Gänse Bräter legen. Kochendes Wasser angießen und in den Backofen stellen. Zunächst eine Stunde in dieser Lage belassen und regelmäßig mit Flüssigkeit begießen. Die Temperatur so halten, dass das Wasser im Bräter immer leicht siedet. Nach einer Stunde die Ganz umdrehen und unter weiteres, Begießen ungefähr 2 Stunden weiterbraten lassen. Das Fett abschöpfen und von der Seite nach Bedarf noch etwas kochendes Wasser angießen. Die Ganz ist weich, wenn sich die Keulen leicht mit dem Löffelrücken eindrücken lassen.

Teil 22

Käsegerichte

Unter den Käsesorten ist der aus dick gewordener Milch hergestellter Quark am gesündesten und günstigsten. Quark stellt ein hochwertiges Nahrungsmittel dar. Er ist leicht verdaulich und schmackhaft. Er lässt sich auf vielfältige Weise verwenden. Neben Milchzucker und Milcheiweiß, enthält Quark noch einige Vitamine, die für uns wichtig sind.

Die Hausfrau damals, hat Reste von Milch stehen lassen, bis sie dick wurde . Die Dickmilch wurde dann dem Quark beigemischt, wenn sie backen wollte oder für Süßspeisen genutzt. Quark sollte immer frisch verwendet werden.

Quarkbereitung

Sauer gewordene Milch kann man im Wasserbad leicht erhitzen, damit sie gerinnt und die flüssige Molke sich von den festen Teilen löst. Alles in ein sauberes Tuch oder in ein sehr feines Sieb geben und abtropfen lassen. Die flüssige Molke ist ein erfrischendes und gesundes Getränk.

Freiburger Käsekuchen

8 dicke Scheiben Weißbrot, ½ Liter Milch, etwas Butter oder Margarine, 100 g Mehl, etwas Salz und Kümmel, 1-2 Eier, 4 Portionen Schachtelkäse.

Zubereitung:

Die Weißbrotscheiben in der Hälfte der Milch einweichen. Dann auf ein eingefettetes Backblech legen. Die restliche Milch mit Mehl, Salz und Kümmel, Eier und dem geraspelten Käse sehr gut vermischen. Die entstandene Creme über die Brotscheiben geben. Das Backblech am äußeren Rand mit einem Pergamentstreifen belegen.

30 Minuten bei starker Hitze backen. Sofort vom Blech nehmen und teilen. Mit grünem Salat servieren.

Quarkpfannkuchen

Zutaten:

150 g Quark, etwas Milch und Salz, 3 Eier, 100 g Mehl und Öl für die Pfanne.

Zubereitung:

Den Quark mit den angegebenen Zutaten sahnig rühren. Die drei Eigelbe dazu

geben. Nach und nach das Mehl und zum Schluss, den steifen Eischnee ebenfalls

dazugeben. Nach und nach in heißem Fett, dünne Pfannkuchen ausbacken. Mit

Kompott servieren.

Teil 23

Mehl- und Pfannengerichte

Rohstoffe für diese Gerichte sind Mehl, Gries, Haferflocken, Mais, Buchweiten, Hirse usw. Alle aus diesen Stoffen zubereiteten Speisen, ergeben nahrhafte und sättigende Mahlzeiten.

Zum Kochen von Teigwaren immer genügend Wasser verwenden. Denn wegen des Quellvorgangs, benötigen Nudeln zum Beispiel viel Platz.

Nudelauflauf

Nudeln nach Vorschrift kochen und abtropfen lassen.

Inzwischen 70 g Butter auslassen. 30 g Mehl darin andünsten und mit einem knappen halben Liter Milch ablöschen. 10 Minuten durchkochen und in die durchgesiebte Soße 75 g Reibkäse und zwei Eigelb verrühren. Die abgetropften Nudeln mit der Soße mischen. Zum Schluss den steifen Eischnee unterheben. Nun alles in eine feuerfeste Form geben und mit Semmelbröseln bestreuen.

Mit Butterflöckchen belegen und im heißen Backofen 45 Minuten überbacken. Die

gebackenen Nudeln eignen gut als Beilage zum Braten oder einfach nur mit

Tomatensoße servieren.

Dampfnudeln

Zutaten:

500 g Mehl, 30 g Hefe, 2-3 Eier, 30 g Zucker, etwas Milch, 40 g Butter, Für den

Dampfnudeltopf Milch, etwas Butter, Zucker.

Zubereitung:

Aus den Zutaten einen Hefeteig herstellen und gut aufgehen lassen. Von dem

aufgegangenen Teig, Kugeln von 6 cm Durchmesser formen. Auf einem bemehlten

Blech nochmals aufgehen lassen. In einer flachen Pfanne Milch gießen, die mit je

einem Esslöffel Butter und Zucker warm werden muss.

Nun die aufgegangenen Dampfnudeln nebeneinander in die warme Milch stellen.

Den Topf oder die Pfanne fest verschließen. Es darf kein Dampf entweichen. Wenn die Milch zu sieden beginnt, den Topf vom Herd an den Rand ziehen. Nach 25

Minuten beginnt es im Topf zu knacken. Dies ist ein Zeichen, dass die Dampfnudeln

die Milch komplett aufgesogen haben. Sie haben jetzt zu bräunen begonnen und

sind gar. Mit der braunen Seite nach oben, die Dampfnudeln auf eine Platte legen

und mit heißer Vanillesoße begießen. Auch süßer Kompott ist angesagt.

Teil 24

Kochpuddings und Aufläufe

Kochpuddings können salzig und süß zubereitet werden. Diese Speisen werden in einer fest verschlossenen Puddingform im Wasserbad gekocht. Sie stellen sättigende und gesunde Hauptgerichte dar. Sie können auch in gesüßter Form, kalt als Nachtisch serviert werden.

Aufläufe haben ungefähr die gleiche Zusammensetzung wie Puddings, so dass die meisten Puddingmassen auch für Aufläufe und umgekehrt verwendet werden können(Aufläufe werden heute natürlich anders hergestellt als damals).

Aufläufe werden offen im Backrohr überbacken.

Kochpudding-und Auflaufformen immer gut einfetten. Kochpuddingformen nur etwa bis zu zwei Drittel der Form füllen.

Grießpudding

Zutaten:

½ Liter Milch, 60 g Butter, 125 g Grieß, 2-3 Eier, 60 g Zucker, etwas abgeriebene Zitronenschale, 30 g geriebene Mandeln.

Zubereitung:

Milch mit Butter und etwas Salz zum Kochen bringen. Den Grieß nun auf einmal unter Rühren in die kochende Milch schütten und zu einem Kloß abrühren, der sich vom Topf löst. Den Topf vom Ofen nehmen und ein Ei unter die Masse rühren. Wenn die Masse abgekühlt ist, das Gelbe der restlichen Eier dazu geben. Eiweiß und Zucker mit der abgeriebenen Zitronenschale und den Mandeln schaumig schlagen. Alles unter die Grießmasse ziehen. Die Masse wird in eine eingefettete Puddingform gefüllt. Eine Stunde im Wasserbad kochen. Den Pudding stürzen und mit Himbeersaft begießen.

Nudelpudding mit Kirschen

Zutaten:

250 g Fadennudeln, 1 Liter Milch, 50 g Butter, 100 g Zucker, 1 Päckchen

Vanillezucker, 2-3 Eier, Saft einer halben Zitrone, 250 g Kirschen.

Zubereitung:

Die Nudeln in die kochende Milch geben und ausquellen lassen. Dabei die

Temperatur des Herdes herunter schalten. Den Topf zur Seite stellen und alles

erkalten lassen. Die Eier dazugeben und den restlichen Eiweißschaum ebenfalls. Im

Kühlschrank erkalten lassen und auf einen Teller stürzen. Nach Belieben mit

Kompott oder heißen Kirschen servieren.

Teil 25

Kartoffelgerichte

Als der große Kurfürst ca. 1650, die wunderschöne Pflanze Tartuffel, in seinem

Berliner Lustgarten, als Zierpflanze anbauen ließ, dachte in Europa noch keiner

daran, dass dieses Nachtschattengewächs Millionen von Menschen sättigen würde.

Die so gesunde und zugleich billige Kartoffel ist ein unverzichtbarer Bestandteil

unseres Küchenzettels geworden. Allerdings ist die Kartoffel heute kein billiges

Nahrungsmittel mehr. Sie wird in verschiedenen Sorten angebaut. Die Kartoffel ist

vielfältig verwendbar. Ob als Salzkartoffel, in der Pfanne gebraten, als Püree, in

Aufläufen auch als Kartoffelpuffer, sie ist immer einsatzbereit. Auch als Pellkartoffel

ist sie sehr gesund, da sich die ganzen Vitamine unter der Schale befinden.

Es gibt nichts leckereres, als eine neue Kartoffel in der Schale gebacken mit einem

Quarkdipp oder nur mit Butter. Wussten sie, dass Kartoffelwasser ein gutes

Silberputzmittel ist?

Teil 26

Soßen

Sie haben die Aufgabe Fleisch, Fisch oder Geflügel in ihrem Eigengeschmack zu unterstützen. Durch eine raffinierte Auswahl an Gewürzen, werden die jeweiligen Soßenarten geschmacklich abgerundet. Eine gute Soße zu kochen ist eine Kunst für sich. Die Zubereitung verlangt viel Aufmerksamkeit. Soßen dürfen nicht zu dick oder zu dünn sein. Ein sehr schmackhaftes Bindemittel für eine gute Soße ist Sahne. Werden Eier zum Binden einer Soße genommen, verquirlt man sie vorher mit etwas kalter Flüssigkeit. Dann gießt man sie langsam, unter Rühren in die heiße Soße. Man sollte dann den Topf schnell vom Herd nehmen um ein Misslingen der Zubereitung vorzubeugen.

Welche Soßen sind für welche Gerichte geeignet?

Bearner Soße für Spargel, Fisch, Reis.

Bechamel-Soße für Kartoffelgerichte, Kalbfleisch, Fisch, Geflügel und Reis.

Biersoße passt zu Karpfen.

Burgundersoße für Braten und Ragouts

Cumberlandsoße (wird heute nur noch selten gemacht).

Dill Soße für Fisch, Rindfleisch und Salate.

Frikassee Soße für Geflügel, Fisch, Kalbfleisch, Reis.

Holländische Soße für Spargel, Blumenkohl, Reis.

Kapernsoße für Königsborner-Klopse.

Kräutersoße für Eierspeisen, Fisch, Reis und Makkaroni.

Käsesoße für Fondue, Fisch und Eier, Nudelgerichte.

Heute probiert man viele Varianten aus. Der Fantasie sind da keine Grenzen

gesetzt. Fette Soßen wie damals sind 2021 nicht mehr angesagt. Obwohl ich

sagen muss, dass ein wenig Butter jede Soße schmackhafter werden lässt.

Teil 27

Das Gemüse

Man sagt, dass Gemüse ein guter Mineralstoffträger ist. Vitamine natürlich auch.

Nach Möglichkeit sollte Gemüse täglich verwendet werden. Wenn man Gemüse

länger als nötig kocht, verkochen auch die wichtigen Inhaltsstoffe. Das Kochwasser

jedoch enthält alle wichtigen Vitamine. Hülsenfrüchte enthalten viel Eiweiß, daher

sehr gesund.

Zu den vitaminreichsten Gemüsesorten Zählen:

Rosenkohl, Grünkohl, Blumenkohl, Mohrrüben, Spinat, Tomaten und Bohnen.

Mittlerweile gehören auch viele andere, nicht einheimische Gemüsesorten dazu.

Beim Spargelschälen sollte man nicht zu sparsam sein. Holzige Teile verderben

den Genuss.

Tomaten lassen sich leicht schälen, wenn man sie einige Sekunden in kochendes

Wasser taucht.

Hier wieder ein kleines Rezept:

Spargel mit Butter

1 kg frischer Spargel, wenig Salzwasser, eine Priese Zucker, 50 Gramm Butter,
nach Belieben einen Esslöffel Semmelbrösel.

Den Spargel vom Kopf herunter schälen, waschen und in leicht gesalzenem, kurz
vor dem Kochen stehendem Wasser, auf niedriger Stufe dämpfen. Dann den
Spargel herausnehmen und abtropfen lassen und mit heißer Butter und frischen
Salzkartoffel auf den Tisch bringen.

Teil 28

Der sogenannte Fünfuhrtee (damals)

Echter, schwarzer Tee mit Zucker, Sahne, Zitrone und Rum. Dazu reicht man etwas

Kuchen. Ein Schälchen mit kandierten Früchten.

Kleiner Tanzabend im Hause (damals)

Als stimmungsfördernde Einladung, Wermut oder Portwein.

Ein kaltes Büfett, bestehend aus belegten Brötchen. Sie werden mit Lachs,

Sardinen, Braten, Wurst, Käse belegt. Leichte Salate und Sülzspeisen, Eier und

Majonaise.

Leichtes Gebäck und Getränke

Bier, Liköre, alkoholfreie Getränke. Zum Abschluss des Abends Bohnenkaffee mit

Torte oder Kuchen.

Hier Vorschläge für ein festliches Abendessen:

Menü 1

Vorspeise: Kaltes Roastbeef mit Remoulade.

Hauptgericht: Ragout fin

Nachtisch: Weincreme mit Vanillesoße

Menü 2

Vorspeise: Verlorene Eier auf Toast

Hauptgericht: Kalbsschnitzel mit jungem Gemüse

Nachtisch: Käseplatte, Fruchtsalat

Menü 3

Vorspeise:

Kalte Platte mit Brot und Butter oder Kraftbrühe oder aber ein Italienischer Salat.

Hauptgericht: Gebackenes Fischfilet mit Remouladensoße und grünem Salat.

Nachtisch: Gemischtes Kompott.

Menü 4

Vorspeise: Gefüllte Tomaten

Hauptgericht: Rinderzunge mit Kapernsoße Bohnensalat

Nachtisch: Käseplatte

Menü 5

Vorspeise: Geflügelbrühe in Tassen

Hauptgericht: Forelle blau mit Butter oder Roastbeef mit jungen Erbsen.

Nachtisch: Karamellcreme

Menü 6

Vorspeise: Tomatensuppe

Hauptgericht: Schweinefilet mit Blumenkohl

Nachtisch: Fruchtsalat mit Sahne

Menü 7

Vorspeise: Königinsuppe

Hauptgericht: Rehkeule mit Gemüseplatte

Nachtisch: Pfirsich Melba

Menü 8

Vorspeise: Ochsenschwanzsuppe

Hauptgericht: Hammelkeule mit grünen Bohnen

Nachtisch: Gemischtes Eis

Menü 9

Vorspeise: Spargelsuppe

Hauptgericht: Zanderschnitten gebacken mit Salat

Nachtisch: Mokkacreme

Menü 10

Vorspeise: Spinatsuppe mit Eierstich

Hauptgericht: Rinderfilet mit Soße und Makkaroni

Nachtisch: Orangencreme

Menü 11

Vorspeise: Schwedenplatte

Hauptgericht: Kalter Braten mit Remouladensoße.

Nachtisch:Französische Pfannkuchen

Dies waren einige Ideen. Nun ja, der Kreativität sind keine Grenzen gesetzt.

Teil 29

<u>Gesund kochen mit Gemüse</u>

Gemüse sollte heute auf keinen Speisezettel mehr fehlen. Die meisten Vitamine

beziehen wir aus Rosenkohl, Grünkohl, Blumenkohl, Mohrrüben, Spinat, Tomaten

und Bohnen aller Art. Gefüllte Gemüsesorten, zum Beispiel: Kohlrabi oder Paprika,

stellen einen schmackhaften Fleischersatz als Beilage zu Stampfkartoffeln, Reis

oder Nudeln dar. Tomaten schälen sich leichter, wenn man sie einige Sekunden in

kochendes Wasser taucht. Die Schale lässt sich dann abziehen.

<u>Hier wieder ein kleines Rezept:</u>

<u>Überbackener Blumenkohl</u>

<u>Zutaten:</u>

1 großer Blumenkohl, etwas Milch und Wasser gemischt, Salz, 50 g Butter, 50 g

Reibkäse, 2 Esslöffel Semmelmehl, etwas Zitronensaft, 3 Esslöffel Sahne, 100 g in

Würfel geschnittener Schinken.

Zubereitung:

Den geputzten Blumenkohl in Röschen teilen und diese in etwas Milchwasser halb weich köcheln lassen. Die gekochten Röschen in eine gut gefettete Auflaufform geben. Die in Butter gerösteten Semmelbrösel und den geriebene Käse darüber streuen. Mit Zitronensaft und etwas Sahne, heißer Butter und den Gewürzen übergießen. Den in Würfel geschnittenen Schinken, knusperig anbraten und zum Schluss darüber geben. Mit Blumenkohl kann man viele leckere Gerichte zaubern. Geben sie nun den Auflauf in den Backofen. Wenn sich eine braune Kruste gebildet hat, können sie ihn herausnehmen und servieren.

Nun ein Gericht mit Schwarzwurzeln

Schwarzwurzeln waren früher ein Ersatzgericht für den teuren Spargel. Heute sieht man das ganz anders, denn der herzhafte Eigengeschmack und die guten Inhaltsstoffe der Schwarzwurzel stehen für ein schmackhaftes, eigenständiges Gemüse. Ich jedenfalls werde die Schwarzwurzel niemals abwerten und als Ersatz für Spargel ansehen. Die Schwarzwurzel kann sich durchaus mit anderen Gemüsesorten messen.

Zutaten:

750 g Schwarzwurzeln, 1 Esslöffel Mehl, etwas Essig, Salz, Pfeffer, Muskatnuss und etwas Zitronensaft, 30 Gramm Butter, 40 Gramm Mehl, Petersilie.

Zubereitung:

Die gewaschenen und geschabten Wurzeln sofort in kaltes, mit Mehl und Essig gemischtes Wasser legen, damit sie weiß bleiben. In halbfingerlange Stücke schneiden und in heißem Salzwasser eine knappe Stunde ziehen lassen. In einer hellen Soße, die aus dem Kochwasser hergestellt wird, servieren.

Teil 31

Die Pilze

Wenn man von gesunden Lebensmitteln spricht, sollte man die Pilze nicht außer Acht lassen. Sie strotzen nur so von Mineralstoffen, Eiweiß und Vitaminen. Da sie sehr gut schmecken, werden Pilze als Gemüsebeilage oder auch als selbstständiges Gericht serviert. Sehr begehrt sind Pilzsuppen und Soßen. Es gibt sehr viele essbare Pilzsorten, als im Allgemeinen bekannt ist. Unschätzbare Werte gehen für unsere Gesundheit dadurch verloren. Doch sollte man sich das Nutzbarmachen der noch unbekannten Pilzarten zur Aufgabe machen. Dazu kommt noch, dass Pilze als ein Geschenk der Natur gelten und für uns kostenlos sind.

Jedoch steht die Angst vor giftigen Pilzen, dem Genuss im Wege. Deswegen will ich mit Nachdruck darauf hinweisen, dass eine sehr gute Kenntnis vorausgesetzt werden muss, um Schlimmes zu verhindern. Die giftigsten Vertreter ihrer Art, sind die Knollenblätterpilze. Doch auch der Fliegenpilz will genannt sein.

Es gibt aber auch noch Sorten, die zwar nicht giftig aber ungenießbar sind. Trotzdem ist die Gefahr groß, dass man sich als unwissender Sammler einen Giftpilz mitnimmt. Daher rate ich davon ab zu sammeln, wenn man keine Ahnung hat. Pilze wachsen am schnellsten nach einem warmen Regen. Morcheln gibt es im Frühjahr, Steinpilze vom Frühsommer bis zum Herbst. Pfifferlinge von Juli bis September. Champions im Spätsommer.

Nun ein Pilzgericht

Pilzfrikassee

Zutaten:

500 Gramm Pilze, 40 Gramm Butter, etwas Zitronensaft, 20-30 Gramm Mehl, Wasser oder Brühe, 2 Esslöffel Wein, Salz, Pfeffer, Petersilie und 1 Eigelb.

Zubereitung:

Die gründlich geputzten Pilze(nur abbürsten), in Stücke schneiden und in heißem Fett andünsten. Mit etwas Zitronensaft beträufeln und mit Mehl bestreuen. Unter Zugabe von Wasser weich dünsten. Mit Wein, Salz, Pfeffer und Wein, feingehackter Petersilie würzen. Mit einem Eigelb abziehen. Es entsteht eine sämige Soße.

Teil 31

Blatt- und andere Salate

Nicht jeder ist in der Lage, einen wohlschmeckenden Salat zuzubereiten. Es ist tatsächlich eine Kunst. Wie lieblos geht man oft mit den Salaten um. Damals war man im Glauben, dass grüner Blattsalat sehr gesund sei. Mittlerweile hat man festgestellt, dass grüne Blattsalate fast nur aus Wasser bestehen. Vitamine sind da kaum noch vorhanden. Ob es nun eine gemischte, bunte Salatplatte ist oder nur ein grüner Salat, es kommt nur auf die Salatsoße an. Ist sie pikant abgeschmeckt und mit Sorgfalt zubereitet, kann jeder Salat etwas Besonderes sein. Außerdem ist ein gut abgeschmeckter Salat, den man noch mit Hähnchenstücken, Krabben und anderen Kleinigkeiten kombiniert, ein tolles Gericht um ein paar Pfunde abzunehmen.

Hier ein Salatvorschlag

Selleriesalat

Zutaten:

1 kleine Sellerieknolle, Pfeffer, Salz, Essig, Öl, Zucker, 1 Zwiebel, 1 kleines Sträußchen Schnittlauch.

Zubereitung:

Die Knolle weich kochen. Kontrollieren sie den Kochvorgang ständig, denn die Sellerieknolle sollte noch Biss haben. Auf einer Arbeitsplatte oder auf einem Teller abkühlen lassen. In der Zwischenzeit die Soße herstellen. In einer ausreichend großen Schüssel 4-5 Esslöffel gutes Öl geben, Sellerie saugt viel Öl auf, darum kann es ruhig etwas mehr sein.

2 Esslöffel Kräuteressig auf das Öl geben, pfeffern und salzen, 2 gehäufte Teelöffel Zucker und die in kleine Würfel geschnittene Zwiebel darauf geben. Die Soße gut verrühren. Die Sellerieknolle teilen und schälen. In Stückchen schneiden. Die Selleriewürfel in die Soße geben und alles vorsichtig vermengen. Den Salat im Kühlschrank noch eine Stunde ziehen lassen. Übrigens ist Selleriesalat hingegen zu Blattsalat eine sehr gesunde Mahlzeit.

Weißkrautsalat mit Äpfeln

Zubereitung:

Das Weißkraut fein hobeln, mit kochendem Wasser kurz überbrühen und in wenig Brühe oder Wasser mit etwas angebratenem Speck, einem Schuss Essig und 2 Teelöffel Zucker nicht zu weich kochen.

Die gleiche Menge säuerliche Äpfel in Scheibchen schneiden, in wenig leicht gesüßtem Wasser und etwas Essig, leicht anschmoren. Die Äpfel dürfen nicht zerfallen.

Das Kraut mit den geschmorten Äpfeln vermischen und anrichten.

Teil 32

Süße Nachspeisen

Zu diesem Gebiet gehören:

Fruchtkompotte

Flammeris

Grützen

Fruchtspeisen mit Joghurt

Eis und Eistorten

Fruchtsalate

Cremes

Puddings

Obstsalate

Alle diese Speisen sollen der Hauptmahlzeit einen willkommenen Abschluss geben. Flammeris oder Grützen, sowie Obstsalate, können aber auch ein Hauptgericht ersetzen. Die Zubereitung einer Nachspeise erfordert ebenso viel Liebe und Sorgfalt, wie ein Hauptgericht.

Fruchtkompotte werden meistens gekocht. Sie werden besonders schmackhaft, wenn sie mit Traubenzucker zubereitet werden. Daher nehmen sie im Bereich der

Krankenkost einen wichtigen Platz ein. Neben dem gekochten Nachtisch, sollte auch das rohe Obst nicht vergessen werden. Daher sollten Fruchtsalate, für die alle möglichen Fruchtsorten verwendet werden können, des Öfteren zubereitet werden.

Apfelkompott

Zutaten:

750 g Äpfel, 100 g Zucker, etwas Wasser und ein wenig Zitronenschale, Sahne, Zimt.

Zubereitung:

Mürbe Äpfel schälen, halbieren oder in Scheiben schneiden. Ins Wasser, dem man etwas Zitrone hinzufügt legen, damit sie weiß bleiben. Die Apfelstücke weich dünsten. (nur wenig Wasser nehmen). Das Obst darf nicht zerfallen. Mit dem Schaumlöffel vorsichtig herausheben und auf einen Teller legen. Den Apfelsaft mit Zucker etwas einkochen und über die Apfelstückchen geben. Mit Sahne und Zimt servieren.

Teil 33

<u>Ratschläge aus den 50er und 60er Jahren</u>

<u>Die praktische und schnelle Küche:</u>

Das Problem „SCHNELLKÜCHE" gab es schon immer. Vielen tausenden Frauen und Männern, lag es gestern wie heute am Herzen, schnell, günstig und lecker zu kochen. Das betraf vorwiegend die Berufstätigen. Wer damals eine gute Lösung dafür parat hatte, konnte sich schon als Gewinner bezeichnen.

Man wählte für die Aufstellung des Küchenzettels nur Gerichte aus, deren Herstellung wirklich in kurzer Zeit möglich war. Man überlegte schon einen Tag vorher, was man für welches Gericht an Zutaten benötigen würde. Die berufstätige Frau hatte damals auch an Ausnahmesituationen gedacht. Sie plante ihre Einkäufe so, dass sich immer das Eine oder Andere Gericht, ersatzweise zubereiten ließ. Um Zeit zu sparen, schälte man schon am Vorabend die Kartoffeln und legte sie in einen Topf, der mit kaltem Wasser gefüllt war. Fleisch konnte auch schon am Abend vorher angebraten werden. Puddingzubereitung ebenfalls. Auch die Auswahl des Fleisches war wichtig. Die Berufstätigen, deren Zeit nur knapp bemessen war, bevorzugten aus diesem Grund Hähnchen, Schweinefleisch und Fisch.

Schon damals riet man davon ab, die Schnellküche niemals zur Konservenküche umzuwandeln.

Teil 34

Das Rüstzeug der Schnellküche damals

Alle notwendigen Geräte:

1 Kochtopf oder Kessel nur für Wasser

1 Milchkochtopf

2-3 Kochtöpfe, flach und hoch

1 gute Stielpfanne

1 kleines Pfännchen

1 Holz- und Porzellanplatte

1 Emaille Schüssel

1 Rührschüssel aus Steingut

2 Kochlöffel, 2 Quirle

1 Schöpflöffel, 1 Sieblöffel

1 großes und ein kleines Sieb

1 Kaffeesieb

<u>Wünschenswerte Geräte:</u>

1 elektrischer Mixer

1 Grillpfanne oder Grillgerät

1 Fleischwolf

1 Schneebesen

1 Sahneschläger

2 Küchenmesser

1 Messbecher

1 Reibe, 1 Kartoffelstampfer

1 Messbecher

1 kl. Mehlsieb

1 Zitronenentsafter

1 Kaffeemühle

1 Korkenzieher

1 Büchsenöffner

1 Trichter, 1 Asbestteller

1 kl. Backwunder   1 Rohkostmaschine

Teil 35

Der Vorratsschrank der Schnellküche

Auch für die damalige Schnellküche war eine gewisse Vorratshaltung wichtig. Bis heute hat sich daran nichts geändert. Vorräte sollte man generell im Haus haben. Nur ist es heute erheblich einfacher, schnell an frischen Lebensmitteln zu kommen. Fast an jeder Ecke sind Supermärkte zu finden, in denen man alles kaufen kann. Vorratshaltung bejahe ich aber übersichtlich sollte sie sein.

Schnell kochen und trotzdem schön anrichten, will gelernt sein. Beim Anrichten der Speisen sollte man sich doch etwas mehr Zeit nehmen, denn das Auge ist mit. Trotzdem ließ sich auch mit wenigen Handgriffen, ein Essen einladend zu Tisch bringen. Auch hier kam es nicht zuletzt auf die Fähigkeit an, die Zeit richtig einzuteilen, z. B. Wartezeiten beim Kochen zum Decken des Tisches zu nützen, oder zum Garnieren schon fertiger Speisen.

Die damals als hochmodern eingestuften Kochgeräte, in denen das fertige Essen in einem Gestell zu Tisch gebracht wurde waren für eilige, berufstätige Leute, ein wichtiger Helfer.

Was konnte man nicht alles, in den gläsernen Deckelgefäßen an leckeren Sachen zubereiten. In den hübschen, flachen Pfännchen aus Glas oder dem bunten Porzellan brutzeln und braten. Die kleinen, braunen Auflaufförmchen, sahen auch auf dem Tisch sehr schön aus. Außerdem ersparten sie viel Geschirr und waren leicht zu reinigen.

Der Essplatz selbst, auch wenn es nur ein kleines Eckchen an einem Tisch war, sollte immer nett gedeckt sein. Oft legte man eine geblümte Wachstuchdecke darunter. Ein paar Blumen gaben dem Tisch damals wie heute, eine anheimelnde Note.

Schnellbrühe mit Hackfleisch

Zutaten:

½ Liter Wasser, 50 g Hackfleisch, ½ Zwiebel, 1 kleine Möhre, 1 Stückchen Sellerieknolle und Grün, Salz, grüne Kräuter, 1 Eigelb.

Zubereitung:

Wasser mit dem zerbröselten Hackfleisch, der geriebenen Zwiebel, der geraspelten Möhre und Sellerie zum Kochen bringen. Ca. 12 Minuten kochen. Mit Salz abschmecken und noch ein gequirltes Eigelb in die Brühe geben.

Zwiebelsuppe

Zutaten:

1 große Zwiebel, 20 g Butter, ½ Liter Wasser, 1 rohe Kartoffel, Salz, Pfeffer, Muskatnuss, grüne Kräuter und etwas Tomatensaft.

Zubereitung:

Zwiebel sehr fein hacken und in der Butter goldgelb andünsten. Ins Wasser geben und alles 10 Minuten kochen lassen. In den letzten Minuten die feingeriebene Kartoffel dazugeben und mitkochen. Den Topf vom Feuer nehmen und mit den Gewürzen abschmecken. Zum Schluss noch etwas Tomatensaft in die Suppe gießen und mit gehackten Kräutern servieren.

Teil 36

Rohkost und Reformkost

Rohkost und Reformkost werden häufig miteinander verwechselt. Sie sind aber nicht dasselbe, obwohl sie manches gemeinsam haben.

Unter Rohkost versteht man eine Ernährung aus Pflanzlichen Nahrungsmitteln, die man im Rohzustand verspeist. Dazu werden hauptsächlich verwendet:

Gemüse und Obst

Mandeln und Nüsse

Flocken aus Getreidekörnern

Flocken aus Hülsenfrüchten

Pflanzliche Öle und Fette

Kräuter und Kräutersalze

Rohzucker und Honig

Zitrone

Diese Nahrungsmittel kommen stets roh auf den Tisch und führen dem Körper genügend Mineralstoffe und Vitamine zu. In der Rohkostküche wird sparsam mit Salz umgegangen. An diese Stelle treten Kräuter und Kräutersalze in den Vordergrund. Unter den von Tieren stammenden Nahrungsmitteln findet man in der Rohkostküche ungekochte Milch, Sauer-und Dickmilch, Quark, Joghurt und Buttermilch.

Die Reformkost ist keine ausgesprochene Rohkostküche. Sie findet zwar Verwendung roher Nahrungsmittel, vor allem Gemüse und Obst, kennt aber auch gekochte Gerichte. Die Zubereitung findet nach festen Grundsätzen statt und so schonend wie möglich. Es werden weitgehend die natürlichen Inhaltsstoffe geschont. Mit anderen Worten, die Reformküche bevorzugt das Dämpfen und Dünsten.

Die Reformküche ist gegen das Aufwärmen der Nahrung und das Warmhalten der Nahrung. Es sollte wenn möglich kein Vitaminverlust stattfinden. Die Reformküche achtet streng darauf Obst und Gemüsesorten zu verwenden, die nicht künstlich gedüngt wurden und hygienisch einwandfrei sind. Bei dieser Kost bleiben Fleisch und Wurst weitgehend unberührt.

Aber letztendlich muss jeder für sich selbst endscheiden, welche Art von Kost er bevorzugt. Ob es nun Rohkost oder Reformkost ist, beide Arten haben durchaus gute Eigenschaften. Schade ist, dass heute kaum noch jemand den Geschmack von natürlichen Lebensmitteln kennt. Durch genmanipuliertes Obst und Gemüse, gehen nicht nur der Eigengeschmack, sondern auch wichtige Vitamine verloren. Wer wirklich Wert darauf legt, sollte darauf achten, dass das Obst und Gemüse auf natürliche Weise herangezogen wurde. Eine Umstellung auf diese Art von Ernährung, sollte stets von einem Arzt begleitet werden.

Stielmuseintopf, wie die Königsborner es am liebsten mögen

Zutaten:

1 kg Mairübenstiele, 30 g Butter, 30 g Mehl, ¼ Liter Milch, 750 g gekochte, gewürfelte Kartoffeln, Salz, Pfeffer und Muskatnuss, Bratwurst.

Zubereitung:

Die Blätter abstreifen und die Stiele in 3 cm lange Stücke schneiden. Die Stiele in Salzwasser ca. 5 Minuten kochen und dann abgießen. Aus Butter und Mehl eine Schwitze herstellen. Mit Milch ablöschen und kurz aufkochen. Die Soße mit den gekochten Kartoffeln und dem Stielmus vermischen. Das Gemüse etwas durchziehen lassen. Dazu kann man Bratwurst und andere gebratene Fleischvarianten reichen.

Weiße-Bohnen-Suppe aus Königsborn

Zutaten:

250 g weiße Bohnen, 2 Liter Wasser, 2 Bund Suppengrün, Salz, Pfeffer, Bohnenkraut, 300 g Eisbein, 2 Mettwürstchen, 500 g Kartoffeln, 2 Zwiebeln,

Zubereitung:

Die Bohnen gut mit Wasser bedecken und über Nacht einweichen. Am anderen Morgen mit dem Einweichwasser, die Bohnen zum Kochen bringen. Nach 30 Minuten das Eisbein und die Mettwürstchen hineingeben. Nun noch die kleingeschnittenen Kartoffeln in die Suppe geben mit samt dem geputzten und fein geschnittenen Suppengrün. Nochmals 60 Minuten kochen. Nach dem Garprozess die Suppe zur Seite stellen und durchziehen lassen. Zum Schluss die gerösteten Zwiebeln darüber geben. Wer es mag, gibt noch einen kleinen Schuss Essig dazu.

Früher aßen die Königsborner einen sauren Hering oder einen Speckpfannkuchen dazu.

Teil 37

Wie röstete man damals Kaffee?

Man wischte die noch grünen Kaffeebohnen mit einem trockenen Tuch ab. Dann nahm man eine eiserne Pfanne oder eine Kaffeerösttrommel und erhitzte diese. Die Bohnen gab man nun hinein. Dabei drehte man die Trommel und unter ständigem Rühren bräunte man die Kaffeebohnen weiter, bis sie leise zu knacken begannen. Mit einem Löffel Zucker setzte man den Bräunungsprozess fort. Wenn die Kaffeebohnen die gewünschte Farbe hatten, schüttete man sie auf ein Blech. Wenn sie ausgekühlt waren, füllte man sie in eine dafür vorgesehene Blechdose.

Teil 38

Zum Schluss möchte ich noch das appetitliche Anrichten von Speisen, so wie es die Hausfrau damals tat, beschreiben.

Es gab Hausfrauen, die vorzüglich kochen konnten. Trotzdem hatten sie es nicht verstanden, die Speisen richtig zu würzen. Das ist wohl heute noch so. Mit dem einen Unterschied, dass es die Hausfrau in dem Sinne nicht mehr gibt. Heute kochen die Männer teilweise besser als ihre Ehefrauen. Damals wie heute ging es auch um das gefällige und appetitliche Anrichten der Speisen. Immer wieder bestätigt sich die alte Weisheit: auch das Auge isst mit. Darüber hinaus gab das geschickte Anrichten der Speisen den Hausfrauen die Möglichkeit auch mit sparsamen Küchenzetteln dem täglichen Essen einen besonderen Reiz zu geben.

Auch beim Anrichten gab es, wie bei jeder hauswirtschaftlichen Tätigkeit, ein paar Grundregeln, deren Anwendung unbedingt eingehalten werden musste. In erster Linie gehörte absolute Sauberkeit dazu. Beim Anrichten der Speisen durfte die Hausfrau ruhig etwas Phantasie walten lassen.

Die Hausfrau sollte die Suppe nicht übermäßig heiß, sondern abgekühlt servieren, so dass sie mit dem Löffel gegessen werden konnte. Alle Suppeneinlagen mussten sauber, eventuell mit dem Bundmesser geschnitten sein. Klößchen akkurat geformt, Semmelwürfel goldgelb geröstet. Fast jede Suppe gewann an Ansehen, wenn sie mit Petersilie bestreut war. Zur Abwechslung, wurden klare Suppen auch schon mal in Tassen von der Hausfrau serviert. Dazu reichte sie dann Brötchen oder Röstbrot.

Fisch wiederum ist sehr zart und musste dementsprechend von der Hausfrau behandelt werden. Zerfallende Fischstücke sahen damals wie heute einfach unappetitlich aus. Wenn der Fisch nicht paniert wurde, bereitete man ihn in feuerfestem Geschirr zu. Daraus konnte die Hausfrau ihn sofort servieren. Fisch wurde auch über Wasserdampf im Fischheber serviert. Die Hausfrau legte die Fischstücke auf eine warme Platte, dabei war es egal ob der Fisch gebraten oder gedünstet war. Die Fischplatte servierte die Hausfrau mit Tomaten, Gurkenscheiben, Mehrrettich, Petersilie und Kapern. Wie schon gesagt wurde, das Auge ist mit. Das hat sich bis heute nicht geändert.

Nun komme ich zum letzten Teil meines ungewöhnlichen Kochbuches - Teil 39

Was nutzen all die pikanten Gerichte und die schmackhaften Fleischplatten, wenn man nicht die einfachsten Benimmregeln am Tisch beherrscht. Da ich bis zuletzt beim Thema meines Buches geblieben bin, möchte ich auch diese Regeln aus den 50ger und 60ger Jahren übernehmen. Mein Vater war ein wahrhafter Schöngeist. Alles was er tat, machte er mit Überlegung und Etikette. Er kam aus einer Arbeiterfamilie, wusste aber sich bei Tisch zu benehmen und beherrschte die Deutsche Sprache perfekt ohne Probleme. Er war Deutscher sicher, aber wie oft hört man Landsleute reden? Sehr oft. Man denkt, das kann doch wohl nicht sein, wenn ein Deutscher Landsmann den Mund auf macht und es kommen nur unverständliche, zusammenhanglose, abgehackte Sätze heraus. Mein Großvater achtete streng auf eine korrekte Aussprache, Schlips und Kragen. Mein Vater übernahm es schon als kleiner Junge.

Ich wiederum übernahm diese Erziehung, die auch bei mir ein korrektes Auftreten und Artikulieren der Deutschen Sprache manifestierte.

Teil 40: Nun aber zu den Regeln von damals:

Mit dem sogenannten „GUTEN TON", also den allmählich zur Regel gewordenen Vorschriften für den Umgang der Menschen untereinander, verhielt es sich wie mit allen Gewohnheiten: Was man nicht von frühester Jugend an lernte und übte, verursachte dann später Schwierigkeiten. Das galt nicht zuletzt für die guten Tischsitten. Wie weit man sie beherrschte, war eins der deutlichsten Anzeichen, wie weit man vorangekommen war, in der Schule des guten Tons.

Es macht sich also im Leben durchaus bemerkbar, schon als kleines Kind dem Benehmen bei Tisch Aufmerksamkeit zu schenken. Dies sollte aber nur immer im Rahmen der kindlichen Möglichkeiten geschehen. Wenn ich an die Zeit denke, in der wir heute leben, muss ich leider sagen dass viele Tischmanieren aber auch andere Regeln des guten Benehmens, leider verlorengegangen sind. Einfach schade kann ich da nur sagen.

Dabei ist es so wichtig, das gerade das Verhalten am Tisch oder die Fähigkeit, das Essen zu genießen so wichtig ist. Wichtig für unseren Körper und unserer Seele. Jetzt und immer, sollte die Esskultur gepflegt werden, damit meine Ich nicht nur zum Essen gehen, sondern auch lernen sinnvoll mit Lebensmitteln umzugehen. Gesunde Ernährung muss nicht teuer sein, wie sollten uns nur mehr damit auseinander setzen.

In diesem Sinne wünsche ich Ihnen viel Spaß mit diesem Buch. Ich hoffe, dass sie viel Freude damit haben.

Ihre Renate Sültz

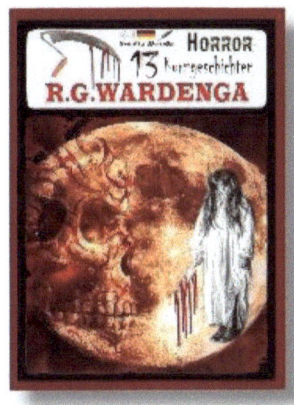

Inhalt: